AF242896

N. LESCANNE

AU PARTI RÉPUBLICAIN

MILITANT

> Amnistie. — Instruction primaire gratuite, obligatoire, laïque. — Abrogation de la Loi sur l'Enseignement supérieur. — Nomination des Maires par les Conseils municipaux. — Conclusion.

PRIX : 50 centimes

PARIS

CH. SCHILLER, ÉDITEUR

11, Faubourg Montmartre, 11

1876

AU

PARTI RÉPUBLICAIN

MILITANT

N. LESCANNE

AU PARTI RÉPUBLICAIN MILITANT

> *Amnistie. — Instruction primaire gratuite, obligatoire, laïque. — Abrogation de la Loi sur l'Enseignement supérieur. — Nomination des Maires par les Conseils municipaux. — Conclusion.*

PARIS

CH. SCHILLER, ÉDITEUR

11, Faubourg Montmartre, 11

—

1876

AU PARTI RÉPUBLICAIN

MILITANT

Dans la vie privée, on prétend que la fortune est plus facile à gagner qu'à conserver. Si cet aphorisme est vrai pour la vie privée, il ne l'est pas moins, par analogie, pour le succès dans la vie publique.

Cette réflexion nous est inspirée par les tendances du parti républicain militant, qui nous paraît disposé, si nous en croyons son programme, à se laisser entraîner par les passions qui l'ont fait triompher, tandis qu'il ne saurait maintenir son succès que par des moyens opposés, c'est-à-dire par la mesure, l'esprit de conduite et de conciliation. La sagesse, et non l'ardeur, voilà le moyen de donner des lois équilibrées et justes à la République et de désarmer ses adversaires. Il faut, avant tout, établir que ce n'est pas un parti exclusif qui succède à un autre.

Il faut compléter une œuvre capitale : le couronnement de l'édifice républicain, par des moyens tirés, toujours, de la liberté et d'une définition nouvelle du pouvoir, établissant logiquement et rationnellement la limite des droits et des devoirs de chacun ; à cette tâche nationale, il faut convier tous les hommes qui ne placent pas leurs préférences particulières au-dessus de la Patrie.

Le parti républicain militant nous paraît avoir dépassé le but dans ses tendances, de même qu'il manque de direction pour atteindre cet idéal sacré..... le progrès ; c'est ce que nous espérons démontrer par l'examen rapide de quatre questions prises dans son programme.

I

AMNISTIE

Pour qui veut-on l'amnistie ?

Pour ceux qui ont assassiné les otages ?

Pour ceux qui ont incendié nos monuments, et qui regrettent, sans doute, de n'avoir pas réussi à incendier tout Paris ?

Pour ceux qui, en face des Prussiens victorieux, couvrant le tiers du pays, campés à Saint-Denis, levaient cet abominable drapeau rouge contre le drapeau tricolore, qui symbolise si bien par ses couleurs les principes de notre grande Révolution et rappelle les traditions ineffaçables de patriotisme qu'elle nous a léguées ?

Eh non ! dira-t-on, il ne s'agit que des égarés politiques.

Des égarés politiques, ceux qui ne craignaien

pas, par la plus abominable sédition, de livrer notre pays tout entier à un implacable ennemi!

Car, quel est celui qui pourrait dire que le succès de la Commune n'eût pas correspondu avec l'occupation du pays tout entier par les Prussiens?

Nous voulons bien admettre que ce ne sont pas les assassins, les incendiaires, les scélérats, qui vous inspirent de la commisération ; que ce sont ceux qui avaient simplement des visées politiques, si l'on peut appeler ainsi des idées qui ne peuvent conduire qu'à la dépravation et à l'anarchie.

Les républicains, jusqu'à présent, ont rejeté avec horreur toute compromission avec les communards; mais si, au nom de la République, vous venez demander grâce pour eux, il faudra bien convenir qu'ils n'agissaient ni sous l'empire d'excitations bonapartistes ou prussiennes, comme on a voulu le dire quelquefois, qu'ils ne peuvent être considérés que comme l'avant-garde de la démocratie et de la République, et que ceux qui voteront l'amnistie ont pour but, par cette question préjudicielle, de reprendre ensuite le programme de la Commune, pour l'exécuter légalement.

Prenez-y garde, républicains!

Après le succès, vous allez vous mettre sur la pente qui conduit aux catastrophes, et, après avoir été, avec raison, les adversaires de ministres de combat, vous allez faire des nouvelles Chambres une arène de discussions stériles, qui auront pour effet, au lieu de cet apaisement si désirable dans les esprits, de produire une excitation déplorable que l'on mettra à la charge de la République.

Encore un mot sur cette question.

Il n'est personne qui n'ait rendu justice à la modération, à l'impartialité des magistrats militaires ; vous allez donc dire ou donner prétexte à dire qu'ils se sont trompés, qu'ils n'ont agi que sous l'empire de passions politiques ; vous allez blesser toutes les justes susceptibilités de l'armée, et l'on ne manquera pas de publier que c'est le commencement des entreprises que vous méditez contre elle.

La recommandation au pouvoir, d'user de clémence envers ceux qui se repentent et qui peuvent motiver le pardon par leur conduite, serait même de trop auprès d'un chef d'Etat qui, assurément, regarde le droit de grâce, dont l'investit la loi, comme sa plus belle prérogative, et en face de l'opinion calme de la nation, qui n'est jamais disposée à demander le *maximum* de la répression.

Les tendances, les crimes de la Commune ne s'effacent pas de la conscience des peuples : le temps, comme pour tous les actes importants de la vie des nations, en burinera plus profondément le souvenir, et ceux qui, aujourd'hui, au nom des passions les moins avouables, ont pris l'obligation d'apporter ce brandon de discorde dans le sanctuaire des lois, se verront un jour répudiés par ceux-mêmes dont ils ont flatté les passions pour satisfaire une éphémère popularité.

II

INSTRUCTION PRIMAIRE GRATUITE, OBLIGATOIRE ET LAÏQUE

Pour juger cette question, il faut nécessairement remonter aux principes du droit.

Le droit, nous l'avons démontré ailleurs, est l'attribut primordial dont Dieu a doté l'âme, consacrant ainsi l'individualité, la liberté de la créature humaine.

Mais le droit individuel, sans contrepoids, ne serait qu'une cause d'isolement et d'égoïsme, et, dans la vie publique, de désordre et d'anarchie.

La direction, la mesure du droit individuel se trouve dans les droits de la famille.

Le droit individuel et ceux de la famille tirent ensuite leur consécration du devoir accompli.

Telles sont les idées sur lesquelles nous en
tendons appuyer notre argumentation.

L'individu, la famille sont donc l'incarnation
du droit; les sociétés, groupées par des besoins,
par des conventions, par la nécessité de protéger le droit de chacun, ne peuvent donc légitimement procéder par le DROIT qu'elles ont uniquement pour DEVOIR de protéger. Conséquemment, l'Etat, le Gouvernement ne peut, avoir
que des obligations, des devoirs à remplir pour
protéger les droits de chaque citoyen, de chaque famille; le contraire devient une usurpation,
une tyrannie.

Il est temps de rompre avec toutes les idées
autoritaires, qui ne respectent pas les prinici-
pes que nous venons d'énoncer.

LE DROIT DIVIN D'UN SEUL, AU POINT DE VUE
GOUVERNEMENTAL, OU LE PRÉTENDU DROIT DIVIN
DES MAJORITÉS, NE SERAIT QU'UNE ERREUR EN
REMPLAÇANT UNE AUTRE.

Le passé, lui, a résumé sa doctrine dans le
Syllabus, négation de la raison et de la liberté.

Ce n'est plus la doctrine qui fait subsister
l'organisme clérical dans lequel il s'est identi-
fié, mais c'est uniquement l'organisme qui fait
tenir debout la doctrine.

Par opposition à la doctrine syllabique, les

esprits imbus des fausses idées de J.-J. Rousseau sur l'état social se sont emparé de la philosophie *positive*, qui a gagné, dans ce courant, plus de terrain que l'avenir ne lui en laissera.

Cette philosophie n'est, en quelque sorte, que le panthéisme rajeuni, un panthéisme intellectuel, ce qui est un progrès sur le panthéisme matérialiste.

Le matérialisme, en effet, a pris, dans ces derniers temps, un développement qu'on ne peut nier, développement dû à l'influence des causes que nous venons d'indiquer, à l'abandon des études philosophiques, au vide dans les croyances, et, enfin, au suffrage universel, dont le côté moral n'est pas compris.

Avec le panthéisme, avec la philosophie positive, avec le suffrage universel fonctionnant comme un droit, et non comme un principe, LA SOCIÉTÉ serait TOUT et L'INDIVIDU, RIEN.

Voyons donc, avec les moyens d'examen que nous nous sommes créés, si la société peut dominer les droits du père de famille.

L'enfant, tant qu'il n'a pas atteint sa majorité, n'est pas un membre de l'Etat social ; la société ne peut rien sur lui, il n'est qu'un membre de cette unité morale qu'on appelle la famille, laquelle prend toutes les charges que son jeune âge impose.

C'est un devoir, direz-vous, que le père de famille accomplit, cela est vrai; mais comme tout devoir accompli donne naissance à un droit, de là le droit pour le père de famille de diriger la jeune âme confiée à ses soins.

Comment, la société, qui ne repose que sur un principe, pourrait-elle bien légitimement dominer le droit du père de famille, qui représente tout à la fois le devoir et le droit?

Autant vaudrait dire que la partie peut dominer le tout.

Ce qu'on demanderait, en réalité, c'est la justification de l'enlèvement du petit Mortara....., c'est la liberté du bien....., c'est la fin justifiant les moyens.

Est-il possible, au nom des idées républicaines, qui doivent avoir pour but le respect scrupuleux de la liberté et du droit de chacun, de commettre une aussi révoltante iniquité?

Nous entendons dire : n'est-ce pas l'intérêt de l'enfant? Mais à quel titre, vous, Etat, vous, Société, prétendez-vous être meilleur juge que le père de famille de l'intérêt de ses enfants ou de l'intérêt de sa famille?

La loi ne règle-t-elle pas le travail des enfants dans les fabriques?

Eh oui! elle fait là, en cette circonstance, une œuvre tutélaire qui n'atteint pas l'autorité du père de famille; car, avéc raison, ce n'est pas à lui que la loi s'adresse, mais à l'industriel qui ferait passer son intérêt avant son devoir.

L'Etat ne prend-il pas les jeunes gens pour le service militaire; n'en fait-il pas une obligation?

Cette obligation s'adresse-t-elle à l'enfant? Non, elle s'adresse aux citoyens avant leur entrée dans la vie publique; c'est, en quelque sorte, un baptême social.

Pour acquérir le droit, il faut commencer d'abord par le protéger, il faut remplir un devoir, et quel plus saint devoir que celui de protéger le droit de tous par tous?

Mais cette obligation pèse plus sur le pauvre que sur le riche; c'est peut-être une étude à faire.

Qu'on ne dise pas pourtant que le pauvre n'est point aussi intéressé que le riche à la protection du droit; tous y ont un égal intérêt.

D'un autre côté, la société ne compense-t-elle pas cette obligation par la protection qu'elle assure, en toute circonstance, à chacun de ses membres dans toutes les situations sociales, par la participation à la vie publique, par la gratuité de l'instruction primaire, pour ceux qui n'en peuvent faire les frais.

La gratuité : nous sommes tout à fait d'avis qu'il faudrait l'étendre à tous ceux qui la réclament, sans exception, laissant à l'opinion le soin de réprimer les abus, de façon que la loi ait toujours ce caractère doublement libéral, de respecter la liberté de chacun et de faire toujours pencher la balance du côté de celui qui se couvre de la nécessité.

Quant à l'obligation, la loi qui la décréterait serait souverainement injuste, inique, contraire au droit le plus sacré, comme nous l'avons démontré.

Que dire de la laïcité? L'esprit le plus vulgaire ne sait-il pas qu'il est impossible d'élever l'enfance sans l'appui de notions religieuses propres à diriger ses sentiments, et que ce n'est que plus tard que l'on peut y ajouter les enseignements de la science qui, avec l'étude de la philosophie, développent la raison et font pour l'âme libre une nécessité du libre examen.

La laïcité ne peut s'entendre que pour proscrire certaines idées religieuses, alors comment les remplacerez-vous? Vous créerez donc des dogmes sociaux.

Laissez donc subsister, l'un en face de l'autre, ces deux éléments qui représentent les deux termes de la liberté : l'élément laïque et l'élément religieux, au père de famille, de choisir.

L'obligation de l'instruction primaire par les congrégations religieuses ou par l'élément laïque à l'exclusion de l'un par l'autre ne représenterait que la tyrannie, celle du passé ou celle du présent. Ceux qui s'arrêtent à demander l'instruction laïque seront vite dépassés par ceux qui vont jusqu'au bout avec l'inflexible logique en demandant l'instruction commune: car l'erreur et la tyrannie ont cela de particulier, qu'en violant les principes il faut glisser jusqu'à l'absurde et à la violence pour ne pas échouer en route.

La vulgarisation de l'instruction à tous les degrés est assurément très souhaitable; mais les mœurs, la liberté, la diffusion de la fortune y aideront infiniment plus que la contrainte.

Les principes républicains, la concorde publique commandent de rejeter, dans l'arsenal de la tyrannie démagogique, d'où il n'aurait jamais dû sortir, un vœu qui, s'il était simplement appuyé, nous relancerait dans les aventures.

III

ABROGATION DE LA LOI SUR L'ENSEIGNEMENT
SUPÉRIEUR

Le monopole de l'enseignement attribué à
l'Université a eu sa raison d'être, puisqu'il a été
le plus puissant moyen de reconstituer l'enseignement au sortir de la Révolution, pour ne pas
laisser retourner ce service public si important
en des mains qui n'avaient su en tirer ni une
philosophie indépendante de la tradition, ni
la science qui prépare le progrès.

... Le progrès que toute Société doit avoir pour
but d'accomplir en respectant toujours la liberté
et en gravitant sans cesse vers l'auteur de la
loi éternelle par des imitations ou des analogies
de cette loi supérieure.

Dans le passé, l'instruction publique n'avait

au fond qu'un double objectif: en religion, établir la suprématie de l'Eglise catholique sur tous les autres cultes.

En politique, cette même suprématie de l'Eglise sur l'Etat justifiant un prétendu droit divin.

Les études de droit général et de droit commun n'existaient que par des tentatives timides, isolées, de philosophes, qui devaient, en dernier lieu, de n'être pas persécutés aux mœurs devenues sous ce rapport meilleures et plus fortes que les tendances absolutistes du gouvernement.

Quant à la science, elle en était restée à un état rudimentaire.

La littérature seule avait produit pour le théâtre et la chaire, mais non pour la vie publique, car alors elle n'existait pas encore, des hommes dont notre pays s'honorera toujours.

Ce n'était pas là, du reste, un progrès, c'était une réminiscence de la littérature grecque et romaine; c'était le désir d'amuser le maître et le l'honorer par le talent, et encore pour retenir les grands, les plus éclairés de la nation, dans l'enceinte fortifiée du pouvoir où la religion catholique dominait en maîtresse absolue.

Quant aux masses, qui donc s'en occupait, si ce n'est pour les retenir dans leur ignorance, ce qui rentrait dans le système despotique?

La création de l'Université a donc été une œuvre nécessaire, indispensable, pour ne pas laisser l'esprit national retourner en arrière.

L'Université a noblement accompli sa tâche.

Par sa discipline, elle a toujours assuré la considération de ses membres; par ses méthodes, par le travail et la liberté unis, elle a fourni des générations capables, non-seulement de se défendre intellectuellement contre le passé, mais de l'écraser de leur supériorité et d'ouvrir une large voie au progrès.

Pourquoi donc toucher à une institution qui a rendu de si grands et si évidents services au pays?

La raison en est bien simple, et il est facile de s'en rendre compte, l'Université, créée pour remplacer les universités cléricales, s'est trouvée, par suite des circonstances, dans un champ-clos où elle avait pour adversaire systématique, passionné, l'esprit du passé.

Dans cette lutte, elle s'est laissée peut-être trop aller — mais cela était inévitable — à traiter plus en ennemis qu'en simples adversaires ceux qui lui faisaient une guerre souvent déloyale.

Dans cette voie, beaucoup de ses membres,

au lieu de s'attaquer aux abus du passé et des croyances sur lesquelles ils reposaient, ne se sont pas arrêtés dans une juste mesure et se sont retournés vers des systèmes de philosophie négative de toute croyance.

Le moment est arrivé, grâce à la liberté, cette reine divine, d'ouvrir la lice à tous; c'est elle qui a ouvert la porte : quel est donc l'imprudent qui voudrait la refermer ?

Nous espérons que le temps viendra où l'Université privilégiée, telle que nous voulons encore la conserver, demandera par ses maîtres les plus autorisés à rentrer dans le droit commun.

Des chaires d'enseignement supérieur, véritablement libres et accessibles à tous, deviendraient autant de phares éclairant la liberté.

En écrivant ces lignes, notre âme rayonne d'une sainte joie en songeant à ces grands combats que la philosophie va livrer pour démontrer qu'elle est la vraie fille de la raison et de la liberté ; qu'il lui appartient d'éclairer le monde, et que la religion et la politique ne peuvent arriver à la vérité, au moins partielle, qu'en la prenant pour guide.

C'est au moment où cette lutte salutaire et rédemptrice va s'ouvrir, qu'on voudrait en retrécir les bornes en donnant aux adversaires de la libre pensée cette situation privilégiée de la persécution !

Liberté, quel triomphe pour toi ! tes détracteurs sont amenés à se couvrir de ton pavillon sacré.

A toi, à la philosophie que tu inspires, de faire plus encore en les inondant de lumière, et à la science d'achever la victoire, victoire sainte, s'il en fût, qui doit profiter plus aux vaincus qu'aux vainqueurs.

Nous concluons que l'abrogation de la loi sur l'enseignement supérieur serait un recul vers les pratiques du passé ; qu'elle serait plus qu'une faute, qu'elle serait une offense contre la liberté, contre le progrès, contre la raison, tout en admettent que la collation des grades, aujourd'hui et toujours, doit être le privilége de l'Etat.

IV

NOMINATION DES MAIRES PAR LES CONSEILS MUNICIPAUX

Rendre toutes les fonctions électives, voilà le principe, et un principe juste, ajouterons-nous.

Mais à l'application de ce système, il faut la mesure et des correctifs indispensables, sous peine de rendre ce principe contraire à la réalité pratique, à l'intérêt général et au but qu'on doit se proposer par son application.

La mesure est de créer des corps électoraux spéciaux qui puissent, par leurs aptitudes, répondre à la mission dont ils seraient chargés.

Les correctifs sont de deux natures, qui nous apparaissent sous forme d'exceptions nécessaires pour maintenir intactes, au profit de la liberté, la séparation et la division du pouvoir.

En second lieu, de tenir compte des droits acquis, tirés des services rendus et de la hiérarchie indispensable dans l'Administration comme dans l'Armée, et, enfin, le mérite reconnu par des jurys d'examen, qui doivent le faire prévaloir sur le principe électif.

Comme on le voit, le principe, dans son application absolue, est incompatible avec le bon ordre comme avec les nécessités pratiques.

Il s'agit donc de savoir si la nomination des maires, pour l'intérêt général, est du ressort de 'Administration, ou doit être attribuée au principe électif.

Si le choix des maires doit avoir le caractère électif, pourquoi les faire élire par les conseils municipaux plutôt que par l'ensemble des habitants de la commune ?

Par ce dernier moyen, au moins, on trouverait un contre-poids à une autorité qui, autrement, voudrait.être absolue.

Enfin, le maire est non-seulement un agent communal, mais encore, et nécessairement, un agent de l'État.

S'il ne conserve aucun lien avec l'administration centrale, la commune devient une petite république dans la grande, une sorte de Convention au petit pied.

Est-ce là ce que se proposent les partisans de l'autonomie de la Commune ?

Nous savons que la popularité dont jouit la

Commune tient à des causes respectables que nous ne voudrions point affaiblir.

La Commune est en quelque sorte l'intermédiaire entre la famille et l'Etat, et, d'autre part, elle a été dans le passé la base d'action pour sauvegarder le droit individuel contre la tyrannie féodale.

En devenant autoritaire, la Commune, sans contrepoids dès lors, tournerait infailliblement contre les causes qui, jusqu'à présent, ont motivé sa légitime influence.

Il s'y établirait des partis qui, trop souvent poussés par de mesquines passions, compromettraient l'ordre et la paix, encore plus indispensables dans la Commune que dans l'Etat.

Dans les circonstances actuelles, ce serait une faute lourde que d'affaiblir les liens qui unissent la Commune à l'Etat, de la partie au tout, et bientôt, on ferait craindre à bon nombre de citoyens la reconstitution de la Commune révolutionnaire, d'odieuse mémoire.

La seule réforme logique, pratique de la loi consisterait à revenir à la nomination des maires par le pouvoir central, avec obligation de les choisir dans le sein du conseil municipal.

Faire plus ou faire moins, serait une grave erreur.

V

CONCLUSION

Amnistie, instruction primaire gratuite, obligatoire et laïque; abrogation de la loi sur l'enseignement supérieur, nomination des maires par les conseils municipaux.

Ce n'est là, dites-vous, qu'un *minimum* de revendication, mais quel pourrait donc bien être le *maximum?*

Dans tous les cas, c'est un programme que ne rejetterait pas la Commune et qui ne peut être patronné que par le parti qui la représente :

De ce parti qui ne voit, dans le suffrage universel, qu'un moyen de domination qui prétend, que la nation souveraine remplace le souverain et fait résider le droit dans un principe, mettant la charrue avant les bœufs, l'effet avant la cause ;

De ce parti qui croit que l'Etat doit être tout, qu'il doit être, au gré des passions : Athée..., laïque... Un maître !... tandis qu'il ne doit être et ne peut être légitimement qu'un GRAND JUGE avec le corps électoral pour JURY.

En dehors de ce double caractère, l'Etat républicain ne pourrait représenter que l'instabilité et qu'un régime pire que ceux du passé :

La République est née d'un sentiment libéral qui serait, sans l'aide de la raison et de l'expérience, impuissant à la faire vivre. Il ne s'agit pas de s'incliner devant le principe électif comme un dogme ; il faut d'abord et surtout qu'il réponde à trois points essentiels sous peine de s'affaiblir, et de perdre, dans des agitations stériles tout le prestige dont il jouit ; ces trois points, qu'il doit assurer, sont : La liberté la plus complète ; Le respect des droits individuels, de ceux de famille et de leurs dérivés, droits antérieurs et supérieurs affirmés par la Révolution et justifiés par la philosophie ; La stabilité nécessaire, indispensable pour le repos et la prospérité générale ;

Le suffrage universel, le principe des majorités ne peuvent légitimement s'exercer que par la liberté qui est, pour ainsi dire, leur essence même, à moins de produire la plus insuppor-

table des tyrannies, de sorte que la stabilité
paraît assez précaire avec un régime dont la
mobilité est la règle, de même qu'il paraît
assez difficile d'obtenir d'un moyen qui représente le nombre et la force, le respect des droits
individuels et de la famille, qui, par suite de
l'ignorance et des passions, peuvent paraître en
désaccord avec l'intérêt de la majorité.

C'est donc là un problème complexe à résoudre;
mais s'il est difficile, sa solution doit donner un
état d'ordre, d'harmonie, de progrès tels que tout
patriote doit à tous, sur cet important sujet, le
fruit de ses méditations.

Chacun des points que nous avons énumérés
se lie si intimement à l'autre que nous les exami-
nerons ensemble sans établir une division qui
nous amènerait à nous répéter trop souvent et
qui n'ajouterait pas, au fond, à la clarté de notre examen.

Faute d'une étude suffisante du droit en re-
gard de la constitution du pouvoir où de l'autorité, les républicains sont en voie de verser
dans l'ornière du passé.

Au nom de la République, on fait beaucoup
de phraséologie, mais on ne produit guère d'i-
dées, ou on a peu le goût d'étudier celles qui
se produisent, de sorte que les esprits, avec un

objectif nouveau, vivent à peu près exclusivement sur la moyenne des idées du passé, oubliant qu'une situation nouvelle ne s'appuyant pas sur des idées rationnelles, pourrait avoir un caractère de nouveauté, mais ne constituerait pas un progrès réel.

La fausse direction des esprits et de l'opinion républicaine tient à la fausse appréciation du suffrage universel, comme nous l'avons déjà dit bien des fois.

Les républicains les plus autorisés ne disent-ils pas, ne répètent-ils pas sans cesse à propos du suffrage universel qu'il est: LE NOMBRE....., LA FORCE..... et LE DROIT.

C'est là une lourde et funeste erreur.

Le suffrage universel est effectivement LE NOMBRE..... LA FORCE....., mais il n'est pas LE DROIT; il n'est et ne peut être rationnellement que LE POUVOIR.

Etant le pouvoir, peut-il, et veut il être le pouvoir comme dans le passé disant: JE SUIS LE DROIT, et à la liberté : TU ES LE DEVOIR?

Cela n'est pas possible; il faut que cette confusion tombe, et fasse place à la liberté, disant avec vérité: JE SUIS LE DROIT, et au pouvoir quel qu'il soit : TU ES LE DEVOIR.

Si donc, Législateurs. vous ne voulez pas appliquer cette nouvelle formule, pourquoi avons-nous fait tant de révolutions ? Serait-ce TOUT SIMPLEMENT POUR CHANGER DE MAITRES ?

Ce n'est pas sans raison que nous insistons sur ce point capital, que le suffrage universel a bien le DROIT d'être le POUVOIR, mais que comme pouvoir, il a une puissance qui lui est supérieure, c'est la liberté et les droits pratiques de l'individu et de la famille, attributs divins, pouvons nous dire, de l'humanité.

Au lieu de l'égarer en surexcitant ses passions, ne vaudrait-il pas mieux vulgariser cette vérité fondamentale au moyen de laquelle on s'expliquera mieux que le vote ne constitue qu'un devoir au profit du droit. Lorsque l'ensemble des citoyens comprendra mieux cette vérité indéniable, le suffrage universel aura sans effort le discernement et la mesure.

Nous avons dit, avant un grand et illustre patriote, que la République ne saurait être sans les principes conservateurs : nous pouvons ajouter avec non moins de raison, qu'elle sera avant tout LIBÉRALE OU QU'ELLE NE SERA PAS ; car, si elle ne plaçait pas la liberté au premier plan, et le pouvoir au second, elle n'aurait pas sa raison d'être, c'est ce qu'il nous sera facile de démontrer.

Le pouvoir héréditaire, dans l'intérêt de sa sécurité, est toujours disposé à sacrifier la liberté à la stabilité et à l'ordre relatif qui en résulte : on doit pourtant ajouter que le pouvoir constitutionnel, par sa nature même, est plus enclin à neutraliser les écarts de la liberté que la liberté elle-même; tandis que la République, mettant L'AUTORITÉ au premier plan et LA LIBERTÉ au second, serait forcément plus indulgente pour les écarts de la liberté, tout en respectant moins les droits de la liberté et du devoir accompli.

La République, en usant de moyens autoritaires, fait échec à son principe qui est d'obtenir tout du libre consentement des citoyens : De là, dans la pratique des idées républicaines, la nécessité de temporiser jusqu'à ce que l'ensemble des citoyens comprenne le progrès à accomplir et de procéder par attraction et non par contrainte.

D'un autre côté, la République, en usant de moyens autoritaires contre la liberté et le droit, tourne sa force contre elle-même, elle perd de son prestige, elle s'affaiblit progressivement jusqu'à ce que les craintes qu'elle finit par inspirer suscitent un SAUVEUR !

Le pouvoir héréditaire agit plus par la loi

que par l'opinion, et la liberté exige que la République, au contraire, agisse plus par l'opinion que par la loi, car l'ordre et la stabilité doivent reposer autant sur la conscience de chaque citoyen que dans les institutions et la loi. Il est donc absolument nécessaire d'éclairer l'opinion publique, afin qu'elle puisse avec calme se substituer en bien des cas à l'autorité par une pression morale contre ceux qui ne respecteraient pas la liberté et le droit de chacun On peut donc affirmer qu'en République surtout, tout flatteur est un empoisonneur moral de la nation. Les citoyens ne sauraient donc avoir trop d'attention pour se préserver de ce fléau.

La stabilité dans la République repose sur une plus large assise qu'avec le pouvoir héréditaire, puisqu'elle s'appuie autant sur la conscience du citoyen que sur les institutions.

Conséquemment, pour la pratique de ce régime, il faut absolument que le pouvoir ne s'écarte jamais des principes de la LIBERTÉ et du DROIT, de façon à ce que ses procédés soient un exemple frappant de ce qui doit être fait par chacun, et que l'opinion publique soit éclairée par le haut, au lieu d'être égarée par des mesures arbitraires. Dans ces conditions, la stabilit est autrement forte que celle tirée du pouvoir héréditaire, dont le principe est toujours contestable ; tandis qu'elle repose sur l'attachement à des principes qui protégent efficacement tous les droits, tout en donnant la mesure du devoir.

Nous savons parfaitement que le bien absolu n'est pas plus du domaine de la liberté que de l'autorité, ni même des deux réunies ; mais nous savons, non moins certainement, que la liberté produit des effets salutaires qui rachètent amplement ses écarts possibles.

Est-ce à dire que nous répudions l'idée d'autorité ? Non, assurément; car autant vaudrait dire que nous répudions un des deux termes de la liberté : la nécessité de la protéger contre la tyrannie, d'où qu'elle vienne ; mais nous voulons que l'autorité n'exerce le pouvoir que conformément aux vrais principes républicains, qu'avec l'idée de DEVOIR, pour protéger LA LIBERTÉ et le DROIT de chacun.

Nous ne sommes pas plus partisans de la liberté du mal..... que de la liberté du bien....., La liberté a deux guides certains qui veillent dans la conscience de chacun, le droit,..... le devoir qui doivent trouver leurs expressions dans la loi.

Que les représentants de la nation, à leur

tour animés de ce sentiment du devoir, respectent avant tout la liberté, qu'ils rejettent progressivement à l'arrière-plan toutes les idées
particulières, pour n'appliquer toujours, avec
sagesse et modération, que les idées de droit
commun, reposant sur des principes ration-
nels; qu'ils aient le sentiment d'exercer une
magistrature suprême qui ne veut s'éclairer
que de la justice.

Le parti militant républicain, pour lequel
nous écrivons plus particulièrement ces quel-
ques pages, nous parait être dans la situation d'un lutteur trop lancé, qui, dans l'ardeur de sa course, a dépassé le but; s'il ne sa-
vait pas revenir en arrière et demander à la
raison, à la philosophie, et ensuite à la persua-
sion, ce qu'il a demandé jusqu'à présent à la
force, il perdrait, pour le moins, tout le béné-
fice moral du succès qu'il a obtenu.

Non-seulement dans son intérêt, mais dans
l'intérêt sacré de la Patrie, ce parti doit écar-
ter de son programme, tout ce qui est contraire
au droit et à la liberté, mais encore éviter
toutes les questions irritantes qui excitent sans
profit les passions. C'est à cette condition seu-
lement qu'il pourra aspirer à l'honneur de gou-
verner.

S'il avait cette Sagesse, le temps est proche où nous pourrions dire, avec une indicible satisfaction, à ceux qui regrettent le passé :

Voyez!..... Jugez!..... Comparez!

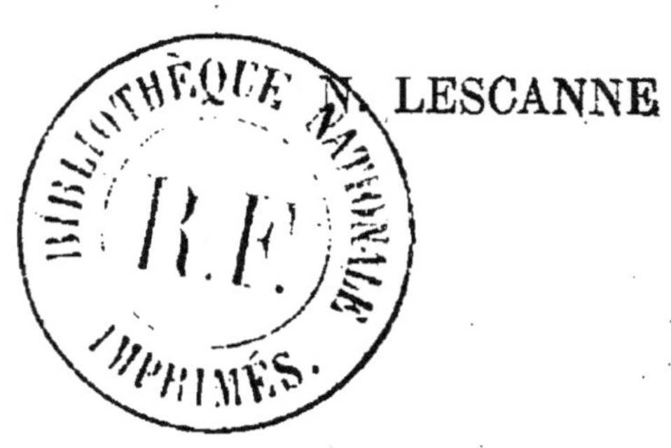

N. LESCANNE

Paris, le 8 mars 1876.

Paris. — Imp. SCHILLER, faub. Montmartre, 10.

DU MÊME AUTEUR

A la même Librairie.

Essais philosophiques (Dieu, la création, tion, l'âme, droit, morale). Un beau volume in-8°..................................... 3 f. »

Essais philosophiques (l'individu, la famille, la propriété, le citoyen, le pouvoir, la patrie, l'humanité, le progrès). Un beau volume in-8°........................ 3 »

La Patrie dans la Famille, in-8°....... » 50

La Situation (les causes et les moyens, études politiques), dédié au centre gauche.. 1 »

A propos des lois constitutionnelles.. » 50

Les deux Enquêtes : nouvel agent de crédit et de circulation.................... 3 »
